EL DIARIO DE TRABAJO EN LA SOMBRA PARA ADOLESCENTES

Guías y actividades para la curación interior, el desarrollo de la confianza y la práctica del amor propio

CALLIE PARKER

Descargue la versión del audiolibro GRATIS

Si le encanta escuchar audiolibros mientras viaja, puede descargar la versión en audiolibro de este libro GRATIS simplemente registrándose para una prueba audible GRATUITA de 30 días.

Escanee el código QR o haga clic en los enlaces a continuación para comenzar

>> Para Audible EE. UU. <<

>> Para Audible Reino Unido <<

>> Para FR audible <<

>> Para Audible DE <<

>>Para CA audible<<

>>Para Audible AU<<

BIENVENIDO A
DESBLOQUEANDO LA FELICIDAD

SU GUÍA DE ACTIVIDADES QUE MEJORAN SU ESTADO DE ÁNIMO

Embárcate en un viaje para mejorar tu estado de ánimo diario y aprovechar el poder transformador de la felicidad. En estas páginas, descubrirá los fundamentos científicos de cómo las actividades pueden mejorar significativamente su bienestar y aprenderá por qué aceptar nuevas experiencias es clave para una vida plena.

¿Qué obtendrá con este libro electrónico?

- Perspectivas respaldadas por la ciencia
- Estrategias prácticas
- Hábitos diarios
- Actividades inspiradoras
- Actividades creativas y sociales
- Técnicas de Mindfulness y Relajación
- Planificador personalizable

¿Listo para aumentar tu felicidad? ¡Comienza tu viaje ahora! Escanee el código QR o siga el enlace a continuación para unirse a nuestro boletín para obtener contenido exclusivo y comenzar a construir su vida feliz hoy.

Envíame mi libro electrónico gratuito
Desbloqueando la felicidad

Potencia Tu Camino con el
Trabajo de sombras para adolescentes

 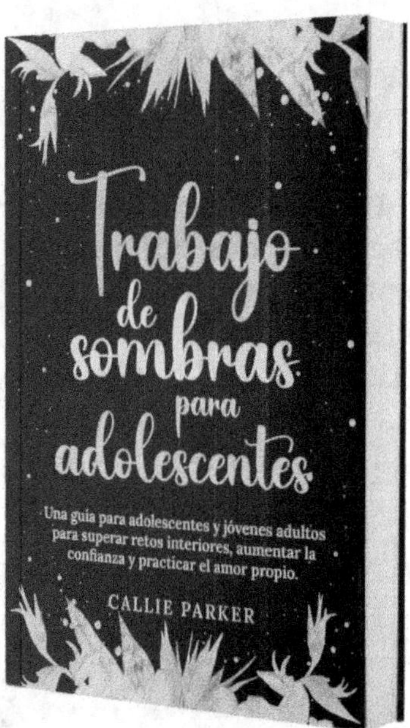

A medida que comienzas a navegar por los ejercicios de este diario, considera profundizar tu exploración con nuestra guía principal, "Trabajo con Sombras para Adolescentes". Este libro completo proporciona el marco teórico esencial para apoyar los ejercicios que encontrarás aquí.

- Conocimiento Fundamental: Obtén una comprensión sólida de los principios del trabajo con la sombra.
- Guía Completa: Explora debates detallados e ideas que complementan y amplían las indicaciones del diario.
- Enfoque Holístico: Combina el aprendizaje teórico con la aplicación práctica para una experiencia completa de trabajo con la sombra.

Para aprovechar al máximo tu viaje de trabajo con la sombra, combina este diario con el libro principal. Consigue tu copia de "Trabajo con Sombras para Adolescentes" hoy y desbloquea conocimientos más profundos sobre tu crecimiento personal.

¡Bienvenido!

¡Bienvenido a The Shadow Work Journal para adolescentes! Este diario está diseñado para ser su compañero mientras explora los conceptos y prácticas presentados en Shadow Work for Teens. Le proporcionará un espacio seguro y de apoyo para reflexionar, procesar e integrar los valiosos conocimientos que obtenga del libro.

En Shadow Work for Teens, analizamos los aspectos a menudo ocultos de usted mismo (su "sombra") y aprendemos a comprender y aceptar estas partes para su crecimiento y curación personal. Este diario está estructurado para guiarlo a través de los ejercicios y reflexiones presentados en cada capítulo, ofreciéndole la oportunidad de personalizar su experiencia y profundizar su autoconciencia.

Cada sección de esta revista corresponde a un capítulo de Shadow Work for Teens, que proporciona indicaciones y actividades diseñadas específicamente para ayudarle a aplicar los conceptos en su vida. A través de un diario, la autoindagación y la expresión creativa, descubrirá sus propias fortalezas, desafíos y potencial únicos.

Mientras trabajas en este diario, sé amable contigo mismo y permite que tus pensamientos y sentimientos fluyan libremente. Recuerde, este es un viaje de autodescubrimiento y no hay respuestas correctas o incorrectas. Acepta el proceso con curiosidad y apertura, y permítete aprender y crecer a lo largo del camino.

Si bien este diario es una herramienta valiosa por sí solo, es mejor utilizarlo junto con Shadow Work for Teens. El libro proporciona la base y el marco para comprender los conceptos del trabajo en la sombra, mientras que el diario le permite personalizar el viaje y hacerlo suyo.

Juntos, este libro y este diario le permitirán abrazarse por completo, afrontar los desafíos de la vida con mayor resiliencia y crear un futuro que se alinee con sus valores y deseos auténticos.

Introducción al diario de trabajo en la sombra para adolescentes

En estas páginas encontrará algo más que líneas en blanco: este diario es su santuario personal para el autodescubrimiento y el crecimiento. Así es como puede ayudarle en su viaje:

- Your Honest Mirror: A veces, el acto de escribir revela verdades a las que quizás ni siquiera nos damos cuenta de que nos aferramos. Estas indicaciones están diseñadas para ayudarte a profundizar en tus pensamientos y sentimientos, fomentando una conexión más profunda con tu yo auténtico.
- Su refugio seguro: esta revista es una zona libre de juicios. Su único propósito es brindarte un espacio confidencial donde puedas ser completamente tú mismo: crudo, honesto y vulnerable. Cada emoción es válida, cada pensamiento merece reconocimiento.
- Tu caja de herramientas emocionales: La vida te presenta muchas cosas, tanto buenas como malas. La escritura puede ser una herramienta poderosa para procesarlo todo. Ya sea que celebre victorias o supere desafíos, este diario es su compañero para navegar los altibajos de su viaje.
- Su guía de crecimiento: estas indicaciones están cuidadosamente elaboradas no solo para la reflexión sino también para el desarrollo personal. Te desafiarán a enfrentar tus sombras, aceptar tus fortalezas e imaginar un futuro que se alinee con tus verdaderos deseos.
- Tu historia, tu voz: a medida que llenes estas páginas, este diario se convertirá en un testimonio de tu resiliencia, tu evolución y tu viaje único. Es una historia que sólo tú puedes contar, un legado de autodescubrimiento y crecimiento.

Recuerde, no existe una forma correcta o incorrecta de abordar esta revista. Escribe, dibuja o exprésate como te sientas más cómodo. Esta es tu historia, tu voz y tu verdad. Embarquémonos juntos en este viaje introspectivo y que encuentres claridad, fuerza y una comprensión más profunda de ti mismo a lo largo del camino.

Cómo utilizar este diario

Bienvenido a un espacio diseñado solo para ti, un lugar donde tus pensamientos, sentimientos y experiencias como adolescente toman protagonismo. Este diario guiado es más que sólo páginas para llenar; es una herramienta para la autorreflexión, el crecimiento personal y para afrontar los desafíos y alegrías únicos de la adolescencia. He aquí cómo aprovecharlo al máximo:

- Encuentre su ritmo: si bien puede escribir cuando le apetezca, considere crear una rutina para la reflexión. Ya sea diaria, semanal o mensual, encuentre una cadencia que se adapte a su vida.
- Reclama tu rincón: busca un espacio tranquilo y cómodo donde te sientas seguro y a gusto. Este espacio físico puede ayudarte a crear un refugio mental para la introspección y el autodescubrimiento.
- Sea honesto consigo mismo: este diario es su refugio privado. No es necesario filtrar, editar ni censurar tus pensamientos. Abrace la autenticidad, deje que sus sentimientos fluyan libremente y explore las complejidades de su mundo interior.
- Participe con las indicaciones: a lo largo de este diario, encontrará indicaciones diseñadas para provocar una reflexión y fomentar un pensamiento más profundo. Úselos como punto de partida, pero siéntase libre de explorar cualquier tangente o tema que le interese.
- Mire hacia atrás y aprenda: a medida que avance en este diario, tómese el tiempo para revisar entradas anteriores. Esto puede ofrecer información valiosa sobre su crecimiento personal, destacando cambios en sus perspectivas, prioridades y aspiraciones.
- Exprésate creativamente: si las palabras no son suficientes, incorpora bocetos, garabatos u otras formas de expresión creativa en tus entradas. A veces, las imágenes pueden capturar emociones y experiencias que las palabras no pueden capturar.
- Practica la autocompasión: algunas reflexiones pueden traer a la luz emociones o recuerdos difíciles. Sé amable contigo mismo y permítete sentir lo que surja. Si es necesario, busque el apoyo de adultos o profesionales de confianza.

- Celebre su viaje: recuerde, cada entrada, independientemente de su contenido, es un testimonio de su resiliencia, crecimiento y camino único a través de la adolescencia. Celebra cada palabra, cada emoción y cada paso adelante.

En definitiva, este diario es tuyo para personalizarlo y adaptarlo a tus necesidades. Es una herramienta fluida y en evolución que crece junto a usted. Abrace el viaje y permita que este diario se convierta en un compañero confiable mientras navega por el emocionante y a veces desafiante terreno de la vida adolescente.

Diario guiado

Tabla de Contenido

El inconsciente

LA MENTE INCONSCIENTE

Describe un sueño que hayas tenido recientemente. ¿Qué emociones o símbolos estaban presentes?

Reflexiona sobre un hábito o comportamiento que no puedas explicar. ¿Cómo podría estar relacionado con tu mente inconsciente?

Escribe sobre un recuerdo de tu infancia que todavía afecta tus emociones. ¿Qué crees que revela sobre tu inconsciente?

Explora un miedo o fobia que tengas. ¿Cuáles podrían ser sus raíces en tu inconsciente?

¿Qué opinas de la idea de explorar tu mente inconsciente a través del trabajo con las sombras? Escriba sobre cualquier aprensión o emoción.

Inicie un diario de sueños y registre sus sueños con regularidad. Analizar símbolos o temas recurrentes.

Pruebe una meditación guiada o un ejercicio de atención plena para conectarse con sus pensamientos y sentimientos inconscientes.

Crea una obra de arte o una representación visual de un sueño reciente o un recuerdo vívido que se relacione con tu inconsciente.

Registro de sueños

Fecha:

Título o Breve Descripción

Detalles del sueño

Describe el sueño con tanto detalle como puedas recordar. Tenga en cuenta el entorno, los personajes, los objetos, los colores y las emociones que sintió durante el sueño.

Posibles desencadenantes

¿Hubo algún evento o experiencia del día anterior que pudiera haber influido en este sueño?

Elementos recurrentes

¿Hay elementos en este sueño que han aparecido en sueños anteriores? En caso afirmativo, anótelos.

Fecha:

Resonancia emocional

¿Cómo te hizo sentir el sueño al despertar? ¿Hubo alguna emoción particular que se destacó?

Símbolos y significado

¿Hay símbolos, temas o motivos en el sueño que se relacionan con usted cuando era adolescente? Reflexione sobre su significado potencial.

Deseos y miedos

¿El sueño reveló algún deseo o temor oculto? ¿Cómo se relacionan con tu vida de vigilia?

Mensajes del inconsciente

A veces los sueños transmiten mensajes o ideas de nuestra mente inconsciente. ¿Sientes que hay un mensaje en este sueño para ti?

Interpretaciones de los sueños

Los sueños a menudo pueden servir como reflejo de nuestros deseos, miedos, desafíos y triunfos más íntimos. Para los adolescentes, los sueños pueden abarcar temas que se relacionan directamente con la identidad, la aceptación, las opiniones sociales y el viaje personal. Las siguientes indicaciones guiadas tienen como objetivo ayudarle a navegar e interpretar sueños que resuenan con sus experiencias.

Antes de sumergirse en la interpretación, cree un ambiente relajante. Siéntate cómodamente, respira profundamente y recuerda el sueño lo más vívidamente posible. Es fundamental abordar la interpretación de los sueños con la mente y el corazón abiertos.

Temas de aceptación

¿El sueño implicó sentimientos o situaciones de aceptación o rechazo? Considere los contextos. ¿Fueron de autoaceptación, sociales, familiares o en las relaciones?

Colores y emociones

¿Hubo algún color específico que se destacó en tu sueño? Los colores a menudo pueden representar emociones. .

Personajes y relaciones

¿Quiénes fueron los personajes principales del sueño? ¿Fueron representaciones de sus relaciones de la vida real o figuras simbólicas? ¿Qué papeles desempeñaron en la narrativa del sueño?

Sentimientos encerrados

¿Hubo elementos de ocultamiento o de revelación en el sueño? Por ejemplo, esconderse en un lugar o confesarle a alguien. ¿Qué emociones evocaron estas situaciones?

Símbolos y significado

¿Hay símbolos, temas o motivos en el sueño que se relacionan con su identidad o experiencias? Reflexione sobre su significado potencial.

Transiciones y Transformaciones

¿Tú u otros personajes sufrieron alguna transformación en el sueño? Esto podría ser un símbolo de crecimiento personal, transición o evolución de la propia identidad.

Conflicto y resolución

¿Hubo conflictos en el sueño? ¿Cómo se resolvieron? Esto podría indicar tensiones internas o desafíos externos que enfrenta o ha enfrentado.

Símbolos de liberación

¿Hubo momentos o símbolos de libertad, huida o liberación? ¿Cómo te hicieron sentir?

Entornos contextuales

Considere el escenario del sueño. ¿Era un lugar familiar, un entorno pasado o un lugar completamente desconocido? Los entornos pueden reflejar estados mentales y emocionales actuales o experiencias pasadas.

Mensajes o lecciones

¿Se dieron mensajes, lecciones o consejos claros en el sueño? ¿Quién los proporcionó y cómo se relacionaron con su viaje?

Recuerde, la interpretación de los sueños es subjetiva. Si bien estas indicaciones brindan una dirección, sus sentimientos, intuición y experiencias personales juegan un papel crucial en la comprensión del significado del sueño. Abrace el viaje de autoexploración y conocimiento que los sueños pueden ofrecer.

Crea una obra de arte o una representación visual de un sueño reciente o un recuerdo vívido que se relacione con tu inconsciente.

Deseos reprimidos

ABRAZANDO LOS DESEOS REPRIMIDOS

Piense en un deseo o una meta que haya dudado en perseguir. ¿Qué te ha frenado?

Describe un caso en el que sentiste un fuerte deseo pero no lo pusiste en práctica. ¿Qué te detuvo?

Reflexiona sobre tus talentos o intereses ocultos que no has explorado. ¿Qué podría impedirte abrazarlos?

Escribe sobre un momento en el que reprimiste tus emociones o deseos para ajustarte a las expectativas sociales.

Enfrentar a una persona a su propia sombra es mostrarle su propia luz.

-Carl Jung

Haz una lista de
deseos que nunca
has perseguido.
Elija uno para dar
un pequeño paso
hacia la realización.

Experimente con un
pasatiempo o
actividad creativa
que se alinee con un
deseo reprimido.

Crea un tablero de
visión que
represente tus
deseos y metas
incumplidos.

DESEOS NO PERSEGUIDOS

Haz una lista de deseos que nunca has perseguido. Elija uno para dar un pequeño paso hacia la realización.

Crea un tablero de visión que represente tus deseos y metas incumplidos.

Proyección

ENTENDIENDO LA PROYECCIÓN

Recuerde un conflicto o desacuerdo reciente con alguien. ¿Qué emociones experimentó durante el conflicto?

Describe una situación en la que hiciste suposiciones sobre las intenciones de alguien. ¿Cómo podrías haber proyectado tus propios sentimientos en ellos?

Escribe sobre un momento en el que juzgaste a alguien con dureza. ¿Podrían tus juicios ser proyecciones de tus propios miedos o inseguridades?

Reflexiona sobre tus relaciones. ¿Hay patrones de proyección o mala interpretación que hayas notado?

No vemos las cosas como son; Los vemos como somos.

Anais Nin

Practica la escucha activa en tus conversaciones con los demás. Presta atención a tus reacciones y posibles proyecciones.

Crea una lista de afirmaciones que contrarresten las proyecciones o juicios negativos comunes que haces sobre ti mismo.

Escribe un diario sobre una relación desafiante e identifica momentos de proyección. ¿Cómo abordarlos de manera constructiva?

Crea una lista de afirmaciones que contrarresten las proyecciones o juicios negativos comunes que haces sobre ti mismo.

Escribe un diario sobre una relación desafiante e identifica momentos de proyección. ¿Cómo abordarlos de manera constructiva?

Integración

INTEGRANDO TU SOMBRA

Identifica un rasgo o cualidad en ti mismo que hayas negado o rechazado. ¿Cómo podría abrazarlo traer equilibrio a tu vida?

Describe una situación en la que representaste un aspecto oculto de tu personalidad. ¿Qué aprendiste de esa experiencia?

Reflexiona sobre un momento en el que sentiste un fuerte conflicto interno. ¿Qué aspectos de tu sombra estaban en juego?

Escribe sobre una cualidad positiva de alguien a quien admiras. ¿Cómo podría esa cualidad ser un reflejo de una parte no reconocida de ti mismo?

¿Qué te parece la idea de integrar tu sombra para el crecimiento personal?

Tu visión se volverá clara sólo cuando puedas mirar dentro de tu propio corazón. Quien mira afuera, sueña; Quien mira dentro, despierta.

-Carl Jung

Crea un collage o una obra de arte del "Yo en la sombra" que represente aspectos de ti mismo que has pasado por alto o repudiado.

Escríbete una carta a ti mismo desde la perspectiva de un yo integrado, ofreciéndote orientación y apoyo.

Explora un nuevo pasatiempo o actividad que se alinee con un aspecto reprimido de tu personalidad.

Crea un collage o una obra de arte del "Yo en la sombra" que represente aspectos de ti mismo que has pasado por alto o repudiado.

Integrando tu sombra

Escríbete una carta a ti mismo desde la perspectiva de un yo integrado, ofreciéndote orientación y apoyo.

Individuación

EMPRENDER SU VIAJE DE INDIVIDUALIZACIÓN

Reflexione sobre sus fortalezas, talentos e intereses únicos. ¿Cómo puedes utilizarlos para dar forma a tu futuro?

Describe un momento en el que te sentiste completamente auténtico y fiel a ti mismo. ¿Cuáles fueron las circunstancias y cómo se sintió?

Escribe sobre un modelo a seguir o un mentor que te inspire. ¿Qué cualidades poseen que admiras y aspiras a desarrollar?

Explore sus metas y aspiraciones a largo plazo. ¿Cómo puede su viaje de individualización alinearse con estos objetivos?

La individuación no excluye al mundo, sino que reúne el mundo en uno mismo.

-Carl Jung

Cree un tablero de visión o una línea de tiempo de sus objetivos de vida, tanto a corto como a largo plazo.

Entrevista a alguien a quien admiras y pregúntale sobre su viaje de autodescubrimiento y crecimiento personal.

Inicie un proyecto o pasatiempo que le permita expresar sus talentos e intereses únicos.

Cree un tablero de visión o una línea de tiempo de sus objetivos de vida, tanto a corto como a largo plazo.

Ambigüedad moral

NAVEGANDO POR LA AMBIGÜEDAD MORAL

Recuerde una situación en la que enfrentó un dilema moral. ¿Cómo tomaste tu decisión y qué valores te guiaron?

Describe un momento en el que cuestionaste las acciones éticas de alguien que conoces. ¿Cómo afectó tu relación con ellos?

Reflexiona sobre tus valores y ética personal. ¿Cómo han evolucionado a lo largo del tiempo y qué ha influido en esos cambios?

Escriba sobre un problema social actual que le plantee cuestiones morales. ¿Qué factores contribuyen a su postura sobre el tema?

El bien no mejora si se exagera, sino que empeora, y un mal pequeño se vuelve grande si se ignora y se reprime.

-Carl Jung

Participar en debates o discusiones éticas con compañeros o mentores, explorando diferentes puntos de vista sobre cuestiones morales.

Escriba un código de ética personal que refleje sus valores y principios. Revíselo según sea necesario para alinearlo con sus creencias en evolución.

Explore oportunidades de voluntariado o servicio comunitario que desafíen sus perspectivas éticas y brinden oportunidades de crecimiento.

Escriba un código de ética personal que refleje sus valores y principios. Revíselo según sea necesario para alinearlo con sus creencias en evolución.

Encuentro con el Yo

EL ENCUENTRO CON TU VERDADERO YO

Describe un momento en el que sentiste una profunda sensación de autoaceptación y autenticidad. ¿Qué llevó a esta experiencia?

Reflexiona sobre las personas y las experiencias que han dado forma a tu identidad. ¿Cómo han influido en tu percepción de tu verdadero yo?

Escribe sobre tus sueños y aspiraciones. ¿Cómo se alinean con tu yo auténtico y qué pasos puedes tomar para lograrlos?

Explore sus valores y principios fundamentales. ¿Cómo resuenan con tu verdadero yo y cómo puedes honrarlos en tu vida?

¿Qué te parece la idea de encontrar tu verdadero yo a través del trabajo en la sombra?

Tu tiempo es limitado, no lo desperdicies viviendo la vida de otra persona.

–Steve Empleos

Escribe una carta a tu yo futuro, imaginando la persona en la que aspiras convertirte y la vida auténtica que pretendes llevar.

Participa en prácticas de atención plena o meditación que te ayuden a conectarte con tu ser más interno y reducir las influencias externas.

Comparte tu yo auténtico con un amigo o mentor de confianza a través de una conversación sincera.

El encuentro con tu verdadero yo

Escribe una carta a tu yo futuro, imaginando la persona en la que aspiras convertirte y la vida auténtica que pretendes llevar.

EJERCICIOS DIARIOS DE ATENCIÓN PLENA

"*En cada uno de nosotros hay otro que no conocemos*".

-Carl Jung

Posición

Siéntese cómodamente en un espacio tranquilo, con la columna recta y las manos apoyadas en su regazo.

Respirar

Inhale profundamente por la nariz mientras cuenta hasta cuatro.

Sostener

Haga una pausa y contenga la respiración mientras cuenta hasta cuatro.

Exhalar

Libere lentamente el aliento por la boca mientras cuenta hasta seis.

Reflejar

Haz este ciclo cinco veces. Con cada respiración, visualízate liberando cualquier ansiedad y aspirando energía positiva.

Pausa

Encuentra un momento de tranquilidad durante tu día.

Lista

Piensa en tres cosas por las que estás agradecido en relación con tu viaje.

Reconocer

Reconozca el crecimiento y la comprensión que han surgido de estas experiencias.

"*Disfruta las pequeñas cosas, porque un día podrás mirar atrás y darte cuenta de que fueron las grandes cosas*".

—Robert Brault

Cuando se sienta abrumado:

Ver

Mira a tu alrededor y nombra cinco cosas que puedas ver.

Tocar

Reconoce cuatro elementos que puedas tocar o sentir.

Escuchar

Escuche atentamente e identifique tres sonidos.

Oler

Reconoce dos olores a tu alrededor.

Gusto

Reconozca un gusto, tal vez tomando un sorbo de agua o un refrigerio.

Transformación

ABRAZANDO LA TRANSFORMACIÓN

Reflexiona sobre una transformación personal significativa que hayas experimentado. ¿Cómo afectó su vida y sus relaciones?

Describe un desafío o adversidad que enfrentaste y que finalmente te llevó a tu crecimiento personal. ¿Qué aprendiste al superarlo?

Escriba sobre los cambios que espera ver en usted mismo como resultado de su viaje de trabajo en la sombra. ¿Cuáles son tus objetivos transformacionales?

Explore la idea de aceptar el cambio como una constante en la vida. ¿Cómo puedes adaptarte y crecer a través de diversas transiciones de la vida?

• ¿Cómo te sientes acerca de la idea de abrazar la transformación como resultado de tu trabajo en la sombra?

Debo estar dispuesto a renunciar a lo que soy para convertirme en lo que seré.

-Albert Einstein

Establezca metas
específicas y
alcanzables para
su crecimiento
personal y
describa los pasos
a seguir para
alcanzarlas.

Cree un diario de
transformación para
documentar su
progreso,
conocimientos y
momentos de
crecimiento personal
a lo largo de su viaje.

Busque mentores o
modelos a seguir
que hayan
experimentado
transformaciones
significativas y
aprenda de sus
experiencias.

RUEDA de VIDA

La rueda de la vida es una gran herramienta que te ayuda a comprender mejor lo que puedes hacer para que tu vida sea más equilibrada. Piensa en las 8 categorías de vida que aparecen a continuación y califícalas del 1 al 10.

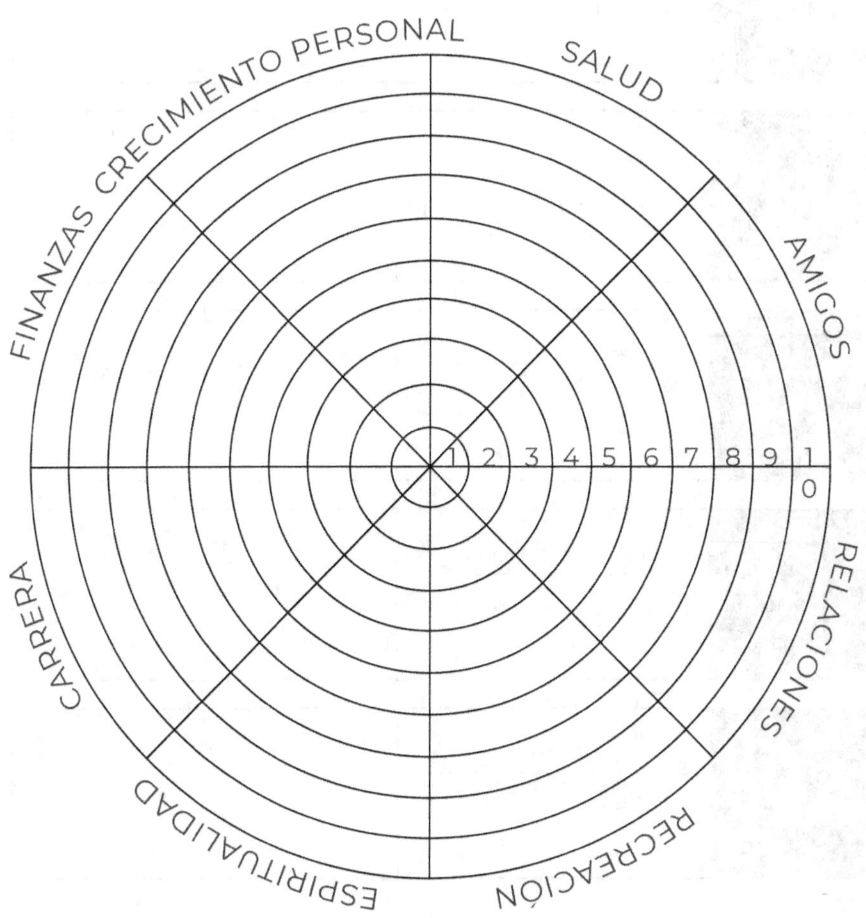

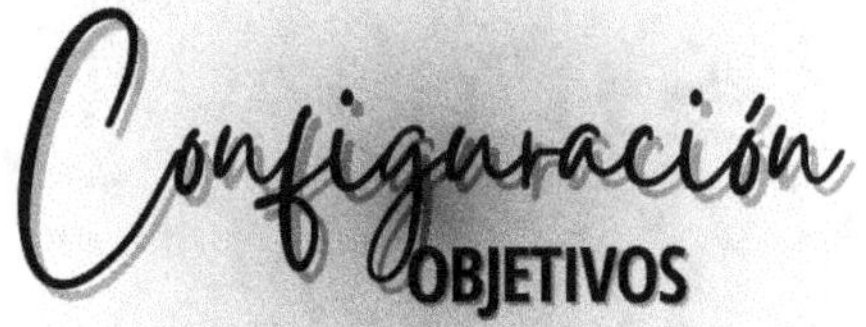

Al establecer objetivos, asegúrese de que sigan la estructura INTELIGENTE. Utilice las siguientes preguntas para crear sus objetivos.

S	**ESPECÍFICO** ¿QUÉ QUIERO LOGRAR?	
ME TR	**MENSURABLE** ¿CÓMO SABRÉ CUANDO SE HAYA LOGRADO?	
A	**REALIZABLE** ¿CÓMO SE PUEDE LOGRAR EL OBJETIVO?	
R	**IMPORTANTE** ¿PARECE QUE ESTO VALE LA PENA?	
T	**LIMITADOS EN EL TIEMPO** ¿CUÁNDO PUEDO LOGRAR ESTE OBJETIVO?	

Para cada una de las categorías siguientes, escriba las cosas que está haciendo bien y las que necesita mejorar. Tómese el tiempo para reflexionar sobre estos y escriba una meta para cada categoría.

CATEGORÍA	LO QUE ESTOY HACIENDO BIEN	DONDE NECESITO MEJORAR	MIS METAS
FAMILIA			
AMIGOS			
TRABAJO/ESCUELA			
CUERPO			
SALUD MENTAL			
ESPIRITUALIDAD			

Elegante

OBJETIVOS

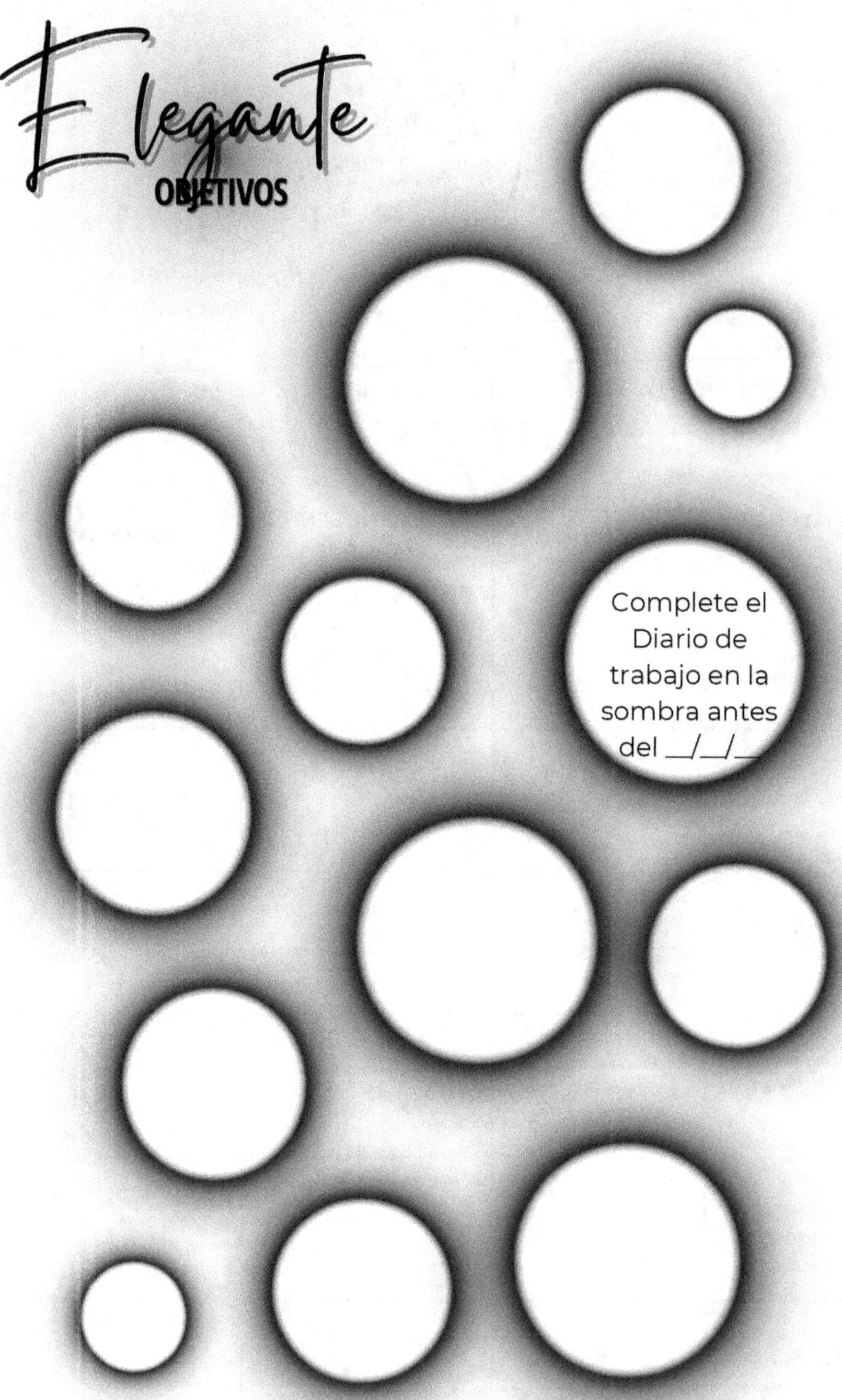

Describe tus objetivos INTELIGENTES

META	FECHA DE INICIO:	FECHA DE VENCIMIENTO:

PROGRESO DEL OBJETIVO: 0% 100%

PASOS DE ACCIÓN

POSIBLES OBSTÁCULOS

CÓMO SUPERAR LOS OBSTÁCULOS

REGISTROS DE HITOS

- **Fecha:** ¿Cuándo ocurrió este hito?

- **Descripción:** Describe el evento o realización.

- **Sentimientos:** ¿Qué emociones experimentaste?

- **Impacto:** ¿Cómo este hito dio forma o influyó en su viaje?

Fecha:

Descripción:

Sentimientos:

Impacto:

Cree un diario de transformación para documentar su progreso, conocimientos y momentos de crecimiento personal a lo largo de su viaje.

Fecha:

Descripción:

Sentimientos:

Impacto:

Fecha:

Descripción:

Sentimientos:

Impacto:

Fecha:

Descripción:

Sentimientos:

Impacto:

Fecha:

Descripción:

Sentimientos:

Impacto:

Fecha:

Descripción:

Sentimientos:

Impacto:

Fecha:

Descripción:

Sentimientos:

Impacto:

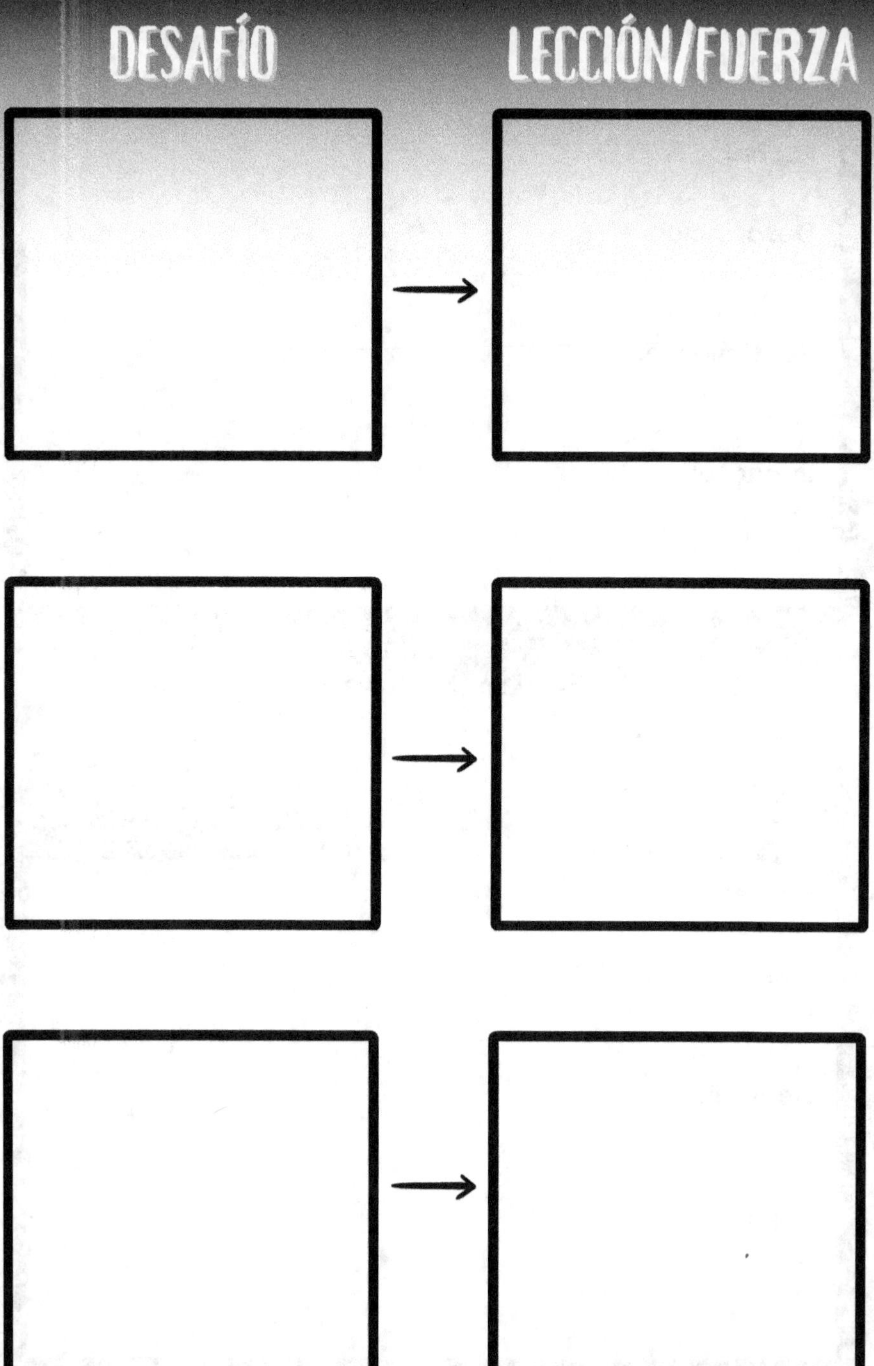

Es esencial hacer una pausa y expresar gratitud por el viaje, incluso por los momentos difíciles, ya que han moldeado quién eres hoy. Enumere 5 desafíos que haya enfrentado. Al lado de cada uno, anota una lección o fortaleza que surgió de ese desafío.

Tarro de gratitud

Charla en el espejo

Controles emocionales

BONUS

Reflexión de cinco palabras

Identificando arquetipos

Fortalezas y sombras

Creencias negativas y afirmaciones positivas

Símbolos y sus significados

EL *Gratitud* FRASCO

Diariamente o semanalmente, anota las cosas por las que estás agradecido y que se relacionen con tu viaje.

Espejo

HABLAR

Dedica unos minutos cada día a hablarte positivamente frente a un espejo, reafirmando tu valor e identidad.

CONTROLES EMOCIONALES

Los controles emocionales sirven como puntos de contacto, lo que le permite evaluar y comprender su estado emocional en diferentes momentos. Esta práctica fomenta el autoconocimiento, la validación de sentimientos y el reconocimiento de patrones.

Sintonizar regularmente tus emociones ayuda a comprenderte mejor a ti mismo, tomar decisiones informadas y fomentar una conexión profunda con tu yo interior. Con el tiempo, estos controles emocionales pueden servir como guía, ayudándolo a navegar a través de los desafíos y alegrías de la vida con resiliencia y autenticidad.

REGISTRO EMOCIONAL DIARIO

Estado emocional actual

Describe en una palabra.

Sensaciones físicas

¿Alguna tensión, relajación o sensaciones peculiares en el cuerpo?

Pensamientos que lo acompañan

¿Qué tienes en mente que podría estar influyendo en esta emoción?

Posible desencadenante

¿Hubo algún evento, comentario, interacción o recuerdo que despertó esta emoción?

Necesidades y deseos

¿Qué necesitas o quieres ahora mismo para apoyar esta emoción o cambiarla?

Afirmación

Escribe una afirmación positiva relacionada con la enseñanza.

REFLEXIÓN EMOCIONAL SEMANAL

Emoción más recurrente

¿Qué emoción apareció más esta semana?

Momento de mayor orgullo

Lo más destacado de tu semana.

Momento emocional desafiante

¿Qué situación fue emocionalmente desafiante?

Acciones de autocuidado

Enumera 3 cosas que hiciste esta semana para cuidar tu bienestar emocional.

Intenciones para la próxima semana

Establezca 1 o 2 intenciones de salud emocional o mental para la próxima semana.

"Hasta que hagas consciente el inconsciente, éste dirigirá tu vida y lo llamarás destino". Carl Jung

RESUMEN EMOCIONAL MENSUAL

Alto emocional

¿Qué día o evento fue un punto culminante emocionalmente hablando y por qué?

Baja emocional

¿Qué día o evento fue un desafío y qué aprendiste de ello?

Sistema de apoyo

¿Quién te apoyó emocionalmente este mes y cómo?

Gratitud

Enumere 3 momentos de crecimiento emocional o personal por los que esté agradecido este mes.

Mirando hacia el futuro

Una meta o intención para tu bienestar emocional para el próximo mes.

"La emoción es la fuente principal de todo devenir consciente. No puede haber transformación de la oscuridad en luz y de la apatía en movimiento sin emoción." Carl Jung

Con precaución, pida a sus familiares o amigos cercanos que lo describan en cinco palabras. Reflexiona sobre estas palabras y cómo te hacen sentir contigo mismo. Recuerde, esto es sólo un punto de vista externo y no define su totalidad.

IDENTIFICANDO ARQUETIPOS

Carl Jung identificó varios arquetipos en su teoría del inconsciente colectivo. Algunos de los arquetipos clave que describió incluyen:

- La Persona: Es la máscara o fachada social que los individuos presentan al mundo exterior. Representa la forma en que queremos que los demás nos vean.
- La Sombra: La sombra representa los aspectos inconscientes y más oscuros de nosotros mismos de los que podemos no ser conscientes o intentar reprimir. Incluye nuestros miedos, inseguridades y deseos ocultos.
- El Anima y el Animus: Estos son los aspectos internos del sexo opuesto dentro de cada persona. El anima representa las cualidades femeninas de los hombres, mientras que el animus representa las cualidades masculinas de las mujeres.
- El Yo: El yo es el arquetipo central y más importante, que representa la unidad e integración de la personalidad del individuo. Representa el esfuerzo por la plenitud y la autorrealización.
- El héroe: El arquetipo del héroe encarna las cualidades de coraje, fuerza y voluntad para enfrentar desafíos y superar obstáculos. Representa la búsqueda del crecimiento y la transformación personal.
- La Madre: El arquetipo de la madre representa la crianza, el cuidado y las cualidades maternas de amor, protección y sustento.
- El Padre: El arquetipo del padre encarna la autoridad, la guía y las cualidades paternas de protección, disciplina y sabiduría.

- El Niño: El arquetipo del niño simboliza la inocencia, el potencial y el deseo de nuevos comienzos. Representa los aspectos creativos y lúdicos del yo.
- El anciano sabio: este arquetipo encarna la sabiduría, el conocimiento y la guía. Representa la búsqueda de la comprensión y la búsqueda del sentido de la vida.
- El embaucador: El arquetipo del embaucador se caracteriza por la picardía, el humor y una tendencia a desafiar el status quo. A menudo representa la necesidad de cambio y transformación.

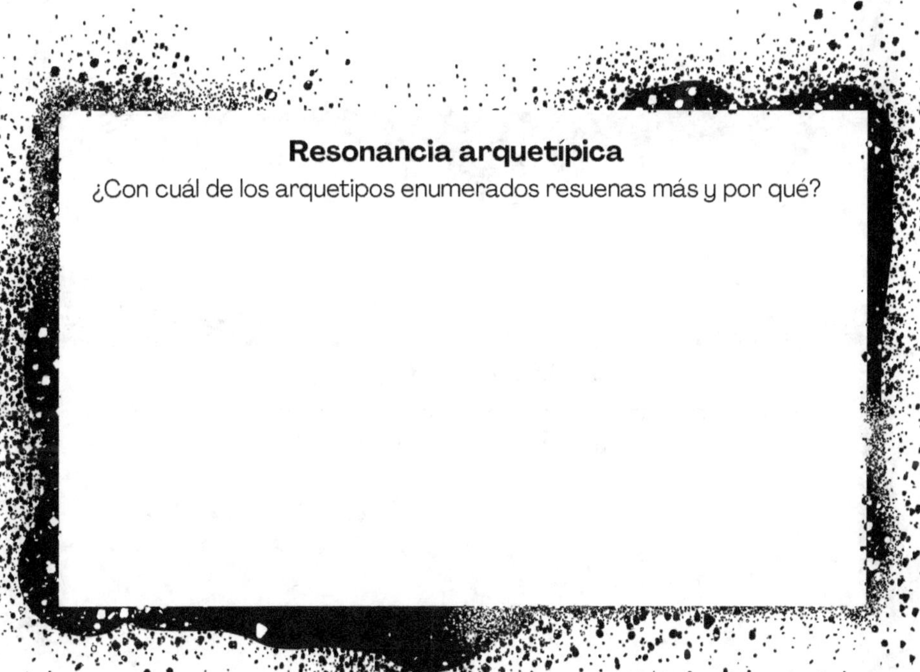

Historias personales

Comparte una historia o un recuerdo en el que sentiste que
encarnabas uno de estos arquetipos.

Aspiraciones futuras

¿En qué arquetipo aspiras a convertirte y qué pasos puedes dar
para abrazar sus cualidades?

Figuras inspiradoras
¿A quién admiras que represente uno de estos arquetipos? ¿Por qué?

"Se necesita coraje para crecer y convertirse en quien realmente eres".

-E.E. cummings

Para cada arquetipo, cree un panel de estado de ánimo (usando imágenes, citas, colores, etc.) que crea que representa mejor su esencia.

Para cada arquetipo, cree un panel de estado de ánimo (usando imágenes, citas, colores, etc.) que crea que representa mejor su esencia.

Para cada arquetipo, cree un panel de estado de ánimo (usando imágenes, citas, colores, etc.) que crea que representa mejor su esencia.

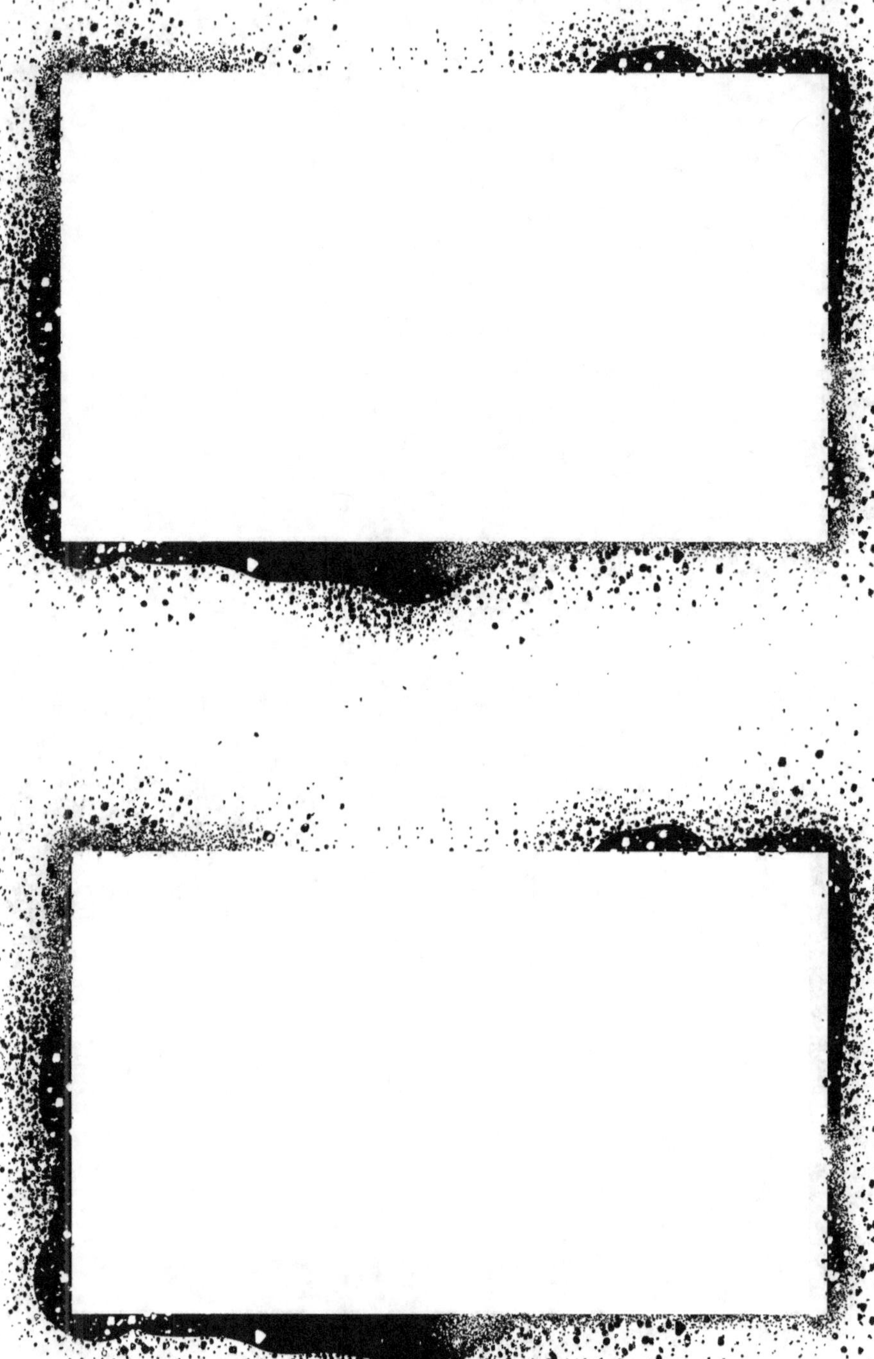

Para cada arquetipo, cree un panel de estado de ánimo
(usando imágenes, citas, colores, etc.) que crea que
representa mejor su esencia.

Para cada arquetipo, cree un panel de estado de ánimo (usando imágenes, citas, colores, etc.) que crea que representa mejor su esencia.

FORTALEZAS Y SOMBRAS

La dualidad de nuestra experiencia humana significa que con las fortalezas a menudo vienen sombras: áreas de posibles obstáculos o desafíos que pueden surgir de las mismas cualidades que nos dan poder. Aceptar un arquetipo no se trata sólo de aprovechar sus fortalezas sino también de comprender y navegar sus sombras. Esta sección está dedicada a la introspección sobre ambos aspectos, con el objetivo de lograr una autoconciencia y un equilibrio más profundos.

Fortalezas destacadas

Para cada arquetipo con el que resuenas, enumera las fortalezas que crees que posee. ¿Cómo se manifiestan estas fortalezas en tu vida?

Sombras reveladas

Profundice en los posibles desafíos o dificultades asociados con cada arquetipo. ¿Has experimentado estas sombras? ¿Cómo los manejaste?

Acto de equilibrio

Reflexiona sobre momentos en los que sentiste un conflicto entre las fortalezas y las sombras de un arquetipo. ¿Cómo navegaste por este equilibrio?

Concéntrese en una sombra a la vez, meditando sobre sus orígenes y las posibles formas de superarla o equilibrarla.

Visualiza un camino que comienza con la fuerza de tu arquetipo más resonante y navega a través de sus sombras, conduciendo a un yo armonizado.

Creación de afirmaciones

Escribe afirmaciones basadas en las fortalezas de los arquetipos elegidos. Elige uno cada día y reflexiona sobre ello.

DIARIO DE FORTALEZAS Y SOMBRAS

Dedica algunas páginas a cada arquetipo, anotando los casos diarios en los que exhibiste sus fortalezas o encontraste sus sombras.

Profundizar en las fortalezas y las sombras ofrece una comprensión holística de cada arquetipo y, por extensión, de nosotros mismos. Esta reflexión ayuda a aprovechar todo el potencial de cada arquetipo, permitiéndonos crecer y evolucionar en nuestros viajes únicos. Recuerde, no hay que temer a las sombras, sino comprenderlas e integrarlas.

> En todo caos hay un cosmos; en todo desorden, un orden secreto. Las fortalezas y las sombras no son enemigas sino dos caras de la misma moneda, y el camino hacia la plenitud requiere abrazar ambas.
>
> -Carl Jung

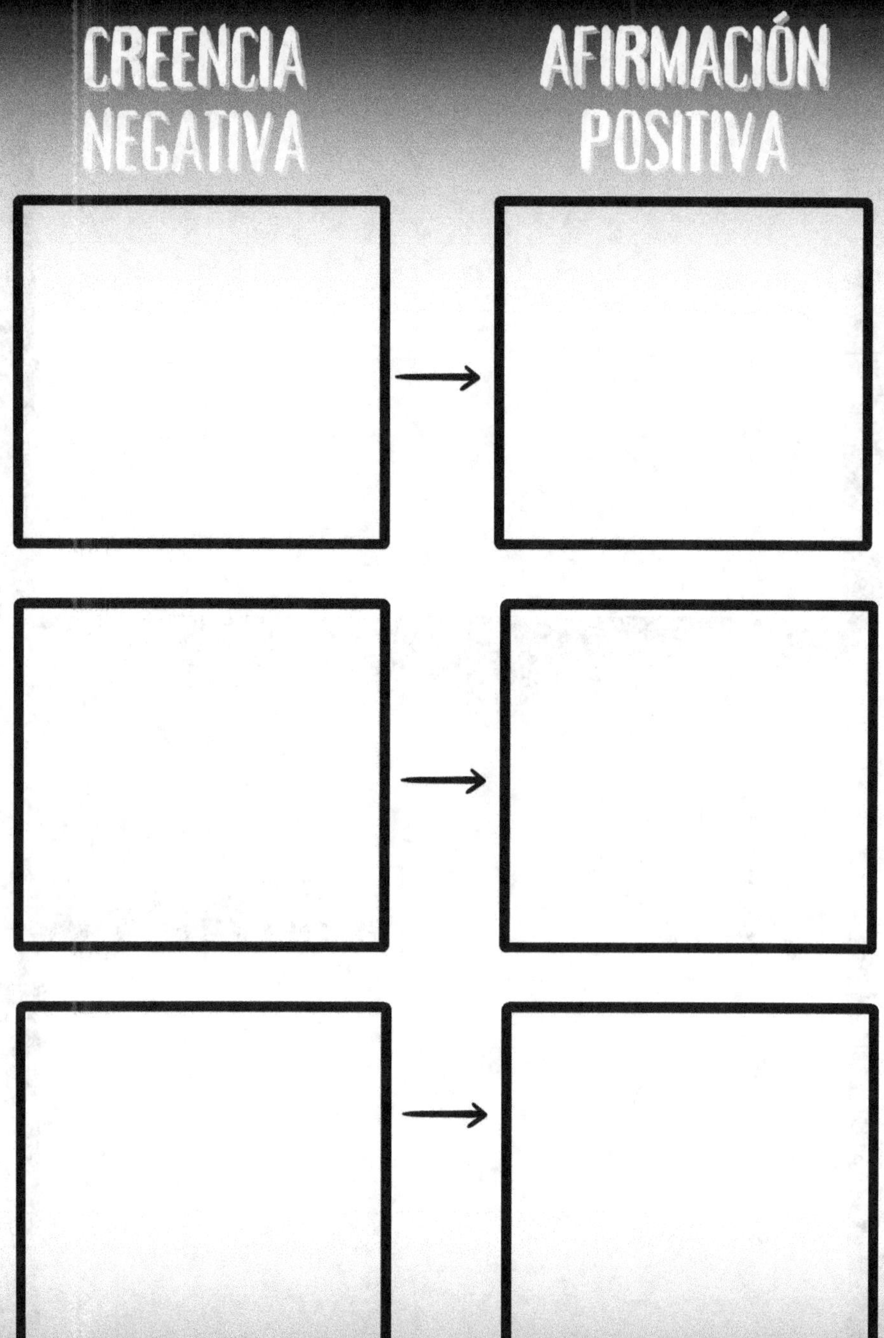

Enumere las creencias o sentimientos negativos que haya interiorizado. Para cada uno, intenta contrarrestarlo con una afirmación positiva o una verdad sobre ti mismo.

SÍMBOLOS Y SUS SIGNIFICADOS

En el contexto de la psicología junguiana y el trabajo con las sombras, los símbolos suelen aparecer en los sueños, las fantasías o incluso en la vida cotidiana. Estos símbolos pueden tener un profundo significado personal y pueden ofrecer información sobre el inconsciente y el proceso de autodescubrimiento. A continuación se muestran algunos símbolos comunes que los adolescentes pueden encontrar y sus posibles significados en el contexto del trabajo en la sombra:

- Figuras oscuras o sombrías: Ver figuras oscuras o sombrías en sueños o fantasías puede representar la presencia del yo sombra, los aspectos ocultos y reprimidos de la personalidad. Puede ser una invitación a explorar estos rasgos ocultos e integrarlos.
- Máscaras: Las máscaras pueden simbolizar la persona, la fachada social que los individuos presentan al mundo. Encontrar o usar una máscara en un sueño puede indicar un deseo de explorar la verdadera identidad detrás de la máscara.
- Animales: Diferentes animales pueden tener varios significados simbólicos. Por ejemplo, una serpiente puede representar deseos o miedos ocultos, mientras que un pájaro puede simbolizar la libertad o la espiritualidad. El animal específico y sus acciones en el sueño pueden proporcionar información adicional.
- Agua: El agua a menudo representa las emociones y la mente inconsciente. El estado del agua (tranquila, turbulenta, turbia) puede ofrecer pistas sobre el estado emocional y la necesidad de explorar y navegar estos sentimientos.
- Laberintos o Laberintos: Estos símbolos pueden representar la complejidad de la psique y el viaje de autodescubrimiento. Navegar por un laberinto puede simbolizar el proceso de explorar el mundo interior.
- Claves: encontrar o usar llaves en los sueños puede representar desbloquear aspectos ocultos de uno mismo o obtener acceso a nuevos conocimientos y autoconciencia.
- Espejos: Los espejos pueden simbolizar la autorreflexión y la autoconciencia. Ver un reflejo distorsionado puede indicar la necesidad de confrontar autopercepciones distorsionadas.

- Monstruos o criaturas: las criaturas o monstruos imaginarios pueden representar miedos internos, ansiedades o conflictos no resueltos. Enfrentar o domesticar a estas criaturas puede simbolizar el proceso de afrontar e integrar los propios miedos.
- Viaje o Viaje: Embarcarse en un viaje, ya sea en un sueño o en una representación simbólica, a menudo significa crecimiento y transformación personal. Puede representar el búsqueda de autodescubrimiento e individuación.
- Muerte y renacimiento: Las muertes y renacimientos simbólicos pueden representar el proceso de deshacerse de viejas creencias, hábitos o identidades para dar paso al crecimiento y la transformación personal.

"Los símbolos, por su propia naturaleza, pueden unir los opuestos de tal manera que ya no divergen ni entran en conflicto, sino que se complementan mutuamente y dan forma significativa a la vida".

Carl Jung

Dibujar, imprimir o pegar imágenes de símbolos. Junto a cada uno, anota su significado histórico o cultural conocido y cualquier conexión o sentimiento personal que asocie con él.

Resonancia personal

¿Hay algún símbolo en particular que resuene profundamente contigo? ¿Por qué sientes una conexión con este símbolo?

Evolución del símbolo

¿Cómo has observado la evolución o cambio en el significado y uso de cualquiera de estos símbolos a lo largo del tiempo?

Creando tu símbolo

Si tuvieras que diseñar un símbolo que capturara tu viaje personal,
¿cómo sería? Dibújalo o descríbelo.

Símbolos en la vida cotidiana

**Durante una semana, presta atención al uso de símbolos
que te rodean, ya sea en publicidad, durante un desfile, en
las redes sociales, etc.**

Anota:

- **El símbolo que observaste.**
- **El contexto en el que se mostró.**
- **Su reacción inicial y sus sentimientos hacia su uso en
  ese contexto particular.**

Los símbolos suelen servir como anclas o recordatorios. Pueden
animarnos, motivarnos y conectarnos con una comunidad más
amplia. En esta sección, considere cómo estos símbolos pueden
integrarse en su vida diaria como fuentes de fortaleza, orgullo y
unidad.

Es fundamental recordar que el significado de los símbolos en
el trabajo de sombras es muy personal y puede variar de un
individuo a otro. Acérquese a estos símbolos con curiosidad y
explore sus propias interpretaciones y asociaciones únicas.

COINCIDENCIAS CON EL SIGNIFICADO

La sincronicidad, término acuñado por Carl Jung, se refiere a coincidencias significativas que parecen tener un significado más profundo, a menudo personal. Estas coincidencias a menudo pueden servir como afirmaciones, hitos o señales del universo, especialmente durante tiempos de autodescubrimiento, aceptación o defensa.

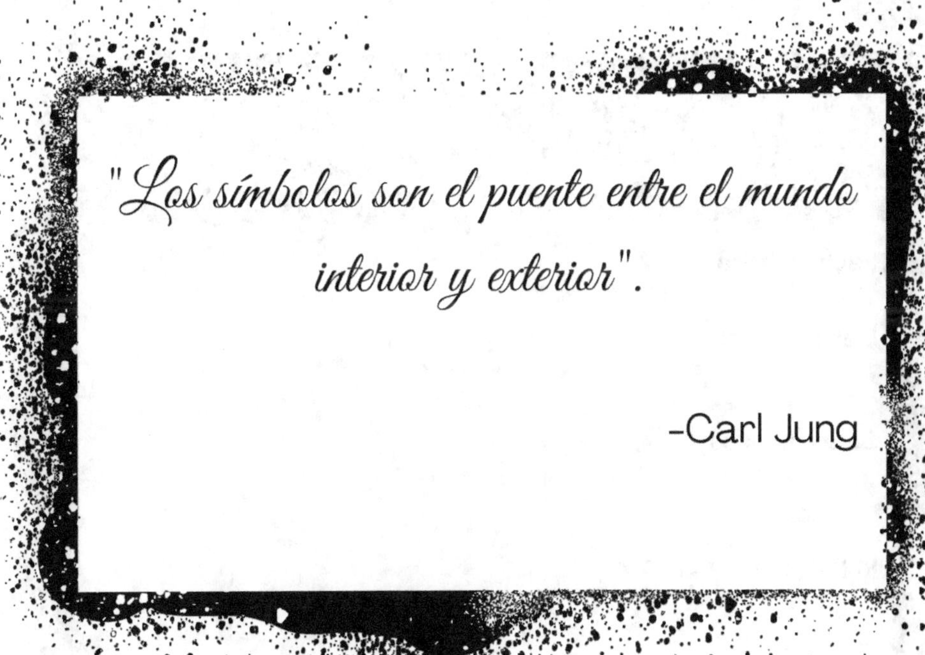

REGISTRO DE COINCIDENCIAS

Fecha y hora
¿Cuándo ocurrió este evento?

Descripción
Detalla el evento sincrónico.

Sentimientos
¿Cómo te sentiste cuando sucedió?

Importancia personal
¿Por qué cree que este evento fue más que un simple suceso aleatorio? ¿Qué significado o conexión más profunda podría tener para usted?

Fecha y hora:

Descripción:

Sentimientos:

Importancia personal:

REGISTRO DE COINCIDENCIAS

Fecha y hora

Descripción

Sentimientos

Importancia personal

Fecha y hora:

Descripción:

Sentimientos:

Importancia personal:

Patrones

¿Ha notado algún tema o patrón recurrente en las sincronicidades que ha experimentado?

Estado emocional

¿Hubo estados emocionales específicos (por ejemplo, sentirse perdido, esperanzado o necesitado de orientación) que precedieron a estos eventos sincrónicos?

Mensajes

Si el universo estuviera tratando de enviarte un mensaje a través de estos eventos, ¿cuál crees que podría ser?

"El símbolo es un cuerpo vivo, animado por la energía que lo atraviesa."

-Carl Jung

REFLEXIÓN SOBRE SINCRONICIDADES PASADAS

Piense en una coincidencia significativa de su pasado que haya tenido un impacto significativo en su viaje, como conocer a una persona que se convirtió en mentor o tropezar con un evento comunitario que lo sintió como "en casa".

El evento

Describe este evento sincrónico pasado.

El impacto

¿Cómo dio forma o influyó en su viaje?

Mirando hacia atrás

En retrospectiva, ¿percibes el evento de forma diferente ahora que cuando ocurrió?

BUSCANDO SINCRONICIDAD

El crecimiento personal es un viaje único y, a menudo, intenso. Cada paso, ya sea lleno de claridad o confusión, contribuye al espectro vibrante de la propia identidad. Esta sección está dedicada a reconocer, celebrar y comprender estos hitos.

Durante una semana, esté más en sintonía con los susurros del universo. Cada tarde, reflexiona sobre el día y anota:

- **Cualquier coincidencia, por pequeña que sea.**
- **Tu estado emocional antes de que ocurrieran.**
- **Posibles significados o mensajes que estos eventos podrían estar transmitiendo.**

Reflexiona sobre cómo estas coincidencias significativas pueden verse como formas de apoyo u orientación, especialmente durante momentos difíciles o encrucijadas en tu viaje. ¿Cómo puede reconocer y valorar estas sincronicidades reforzar su sentido de conexión, dirección y esperanza?

CONCLUSIÓN
Tu viaje continuo en las sombras

Felicitaciones por completar este viaje transformador de autodescubrimiento y crecimiento personal a través del Shadow Work Journal for Teens. Te has aventurado en las profundidades de tu psique, te has enfrentado a aspectos ocultos de ti mismo y has abrazado el poder de tu sombra. Este viaje marca sólo el comienzo de un camino de por vida hacia la autenticidad y la autorrealización.

Mientras reflexiona sobre las páginas que ha llenado y los conocimientos que ha adquirido, recuerde que el trabajo en la sombra no es un esfuerzo aislado, sino una exploración continua. Las sombras dentro de ti no deben ser temidas sino comprendidas, aceptadas e integradas. Si continúa arrojando luz sobre sus aspectos ocultos, descubrirá aún más tesoros de autoconciencia y crecimiento personal.

Su viaje en la sombra le ha dotado de valiosas herramientas (autorreflexión, autocompasión y autoempoderamiento) que le serán de gran utilidad mientras navega por las complejidades de la adolescencia y más allá. Los desafíos que enfrentas y las victorias que celebras son parte del rico tapiz de tu crecimiento personal.

Acepta tu singularidad, porque son tus fortalezas y tus sombras las que te hacen quien eres. Recuerde que no existe un camino único para el autodescubrimiento. Confía en tu sabiduría interior, mantén la curiosidad y continúa explorando las profundidades de tu propia psique.

Tu yo auténtico es una luz radiante esperando brillar intensamente en el mundo. A medida que continúes tu viaje en la sombra, podrás crecer en autoaceptación, cultivar relaciones más saludables y convertirte en el héroe de tu propia historia. Te espera la aventura de tu vida: abrázala con el corazón abierto y una sed insaciable de autodescubrimiento.

Gracias por permitir que el Shadow Work Journal for Teens sea parte de su viaje transformador. Sigue escribiendo un diario, sigue explorando y sigue haciendo brillar tu luz. Tu yo auténtico es un hermoso trabajo en progreso y el mundo es un lugar mejor contigo en él.

GRACIAS

¡Por conseguir este libro y por llegar hasta el final!

Antes de irte, quería pedirte un pequeño favor.
¿Podría considerar publicar una reseña?

Porque publicar una reseña es la mejor y más sencilla forma de respaldar el trabajo de autores independientes como yo.

¡Tus comentarios me ayudarán muchísimo!

>>Deje una reseña en Amazon EE. UU. <<

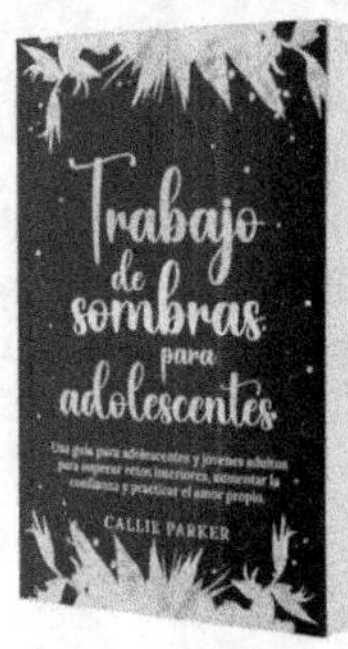

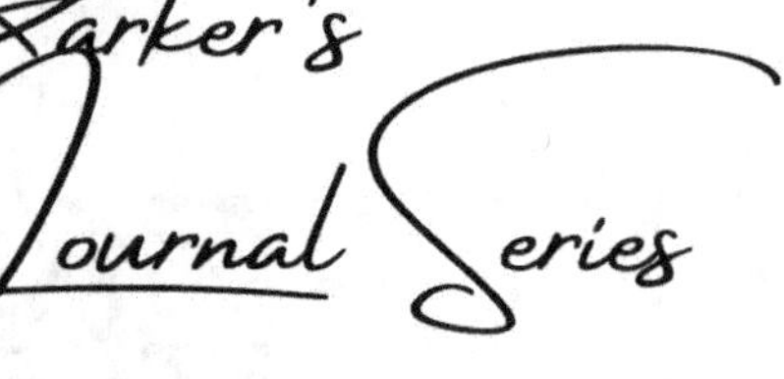

Callie Parker's
Shadow Work Journal Series

Also By Callie Parker

LA AUTOAYUDA DEFINITIVA
NARCISISTA
ABUSO
RECUPERACIÓN LIBRO
Entrevistas exclusivas con narcisistas y sobrevivientes
COMPRENDER QUÉ ES EL NARCISISMO, QUÉ NO ES, QUÉ PUEDES HACER AL RESPECTO Y QUÉ NO
CALLIE PARKER

LIBRO DE
TRABAJO
PARA LA
RECUPERACIÓN
DEL
ABUSO
NARCISISTA

Sanando a tu Niño Interior
INFANCIA Y
RECUPERACIÓN
del TRAUMA
CALLIE PARKER

CUADERNO
INFANCIA Y
RECUPERACIÓN
del TRAUMA
PARKER

CALLIE PARKER
La ventaja de las
afirmaciones para
las mujeres de
negocios